TRAITÉ D'AMÉRIQUE.

— · ✦ · —

PROTESTATION ET OPPOSITION

POUR LES HÉRITIERS

DE PHILIPPE-FRANÇOIS RENAUT,

Ancien Directeur-Général des Mines, à la Louisiane,

Par laquelle ils déclarent s'opposer et protester formellement

CONTRE

Tout Bill, contre tout Acte législatif, contre toute Ordonnance royale, ou autres mesures ministérielles qui tendraient à les priver des droits qu'ils ont légalement et légitimement acquis par succession, donation, ou par testament, sur les concessions faites, en mil sept cent vingt-trois, à Philippe-François RENAUT.

Les héritiers Renaut déclarent également qu'ils s'opposent à toutes remises de sommes ou indemnités au Gouvernement des États-Unis, ou à ses fondés de pouvoirs, de la part du Gouvernement Français, et notamment à la délivrance des vingt-cinq millions de francs, et intérêts, stipulés dans le traité, en date du 4 juillet 1831, actuellement soumis à l'approbation de la Chambre des Députés.

Les motifs principaux de ces oppositions et protestations sont fondés sur le droit public, sur le droit de propriété, sur le droit des gens, et sur les anciens traités entre la France et l'Amérique.

ATTENDU que Philippe-François *Renaut* a obtenu, par titres réguliers, quatre concessions ainsi stipulées :

« En mil sept cent vingt-trois, le quatorze juin, il a été accordé
» à M. *Renaut*, en franc-alleu, pour qu'il forme ses établissemens
» sur les mines :

» *Une lieue et demie* de terrain de front sur le Petit Maraneig et
» dans la rivière Maranéig à l'endroit de la première fourche qui
» conduit aux cabanes appelées *Renaudière*, avec une profondeur
» de *six lieues*; la rivière faisant le milieu du point de compas, et
» le petit ruisseau étant perpendiculaire jusqu'à l'endroit où le sieur
» *Renaut* a ses fourneaux, et de là jusqu'au lieu appelé *de la*
» *Grande Mine.*

» *Une lieue de front* à Pimiteau, sur la rivière, et de là jusqu'au
» lieu appelé de la Grande Mine.

» *Une lieue de front* à Pimiteau, sur la rivière des Illinois,
» faisant face à l'est, et joignant le lac appelé le Village, et de l'autre
» côté sur les bords opposés du lac, *une demi-lieue* au-delà, avec
» une profondeur de *cinq lieues*; le point de compas suivant le
» cours de la rivière d'Arcony, qui forme le centre du reste de la
» profondeur.

» *Deux lieues* de terrain sur la mine appelée la mine de M. La-
» mothe, le front faisant face au nord-est, et la prairie de ladite
» mine étant au centre.

» *Une lieue* le long du Mississipi, à l'endroit appelé le grand
» marais, joignant d'un côté les Indiens Illinois, établis près du fort
» de Chartres, avec une profondeur de *deux lieues*; cette situation
» lui a été accordée pour amasser des provisions et se mettre à

» même de les répandre dans tous les établissemens qu'il fera sur
» les mines.

». Le jour et l'an susdits, au fort de Chartres.

» *Signé* BOIS BRIANT DES URSINS. »

ATTENDU qu'il est prouvé par deux bills des États-Unis, rendus
en 1817 et en 1828 (Voir n°. 1 et n°. 2), que les droits des héritiers ne pouvaient être contestés, que les titres originaux ont été
enregistrés au Congrès (1); qu'aucune prescription, aucune fin de non-
recevoir ne leur a été opposée alors de la part du gouvernement
américain; qu'il n'y avait aucun doute à élever à cet égard, d'après
le dépôt fait aux deux gouvernemens de la généalogie qui prouvait
la minorité de plusieurs des héritiers;

Que d'ailleurs, les concessions faites par le gouvernement français,
n'auraient pu être contestées que par lui, puisqu'il les a placées
sous la sauve-garde et sous l'égide de la loi, en cédant la Louisiane (Voir l'article 3 du traité de cession, qui est on ne peut plus
formel à cet égard);

Que si des événemens de force majeure, tels que l'état de guerre
et autres circonstances, ont, forcément et momentanément, suspendu
la jouissance de l'exercice des droits acquis, ils n'ont rien enlevé à
leur existence ni à leur légitimité.

ATTENDU que la réclamation des héritiers *Renaut*, présentée par
MM. les comtes de Pancemont et de Tournon, a été reconnue fondée
en fait et en droit; que rien n'a été plus *officiel* que les démarches
faites depuis plus de trente ans, tant par les ayant droit que par le
gouvernement français, pour les faire réintégrer dans les possessions
qui leur appartiennent.

----

(1) A Kaskaskia, dont copie légalisée a été délivrée, le 6 janvier 1810, par
M. W. Arundel, greffier de la Province de Randolph, territoire Illinois.

ATTENDU qu'il est prouvé que la commission de la Chambre des députés, formée en 1831, n'avait pas obtenu du ministère tous les élémens qui constituent, *officiellement*, la mise en demeure des héritiers, et la correspondance du gouvernement avec les ministres plénipotentiaires des États-Unis d'Amérique;

Que si dès lors, ces héritiers eussent été appelés devant cette commission, ils auraient accompli toutes les formalités voulues par la loi, comme ils viennent de le faire aujourd'hui devant la Chambre des députés;

Que d'ailleurs cette commission ayant reconnu, elle-même, la réalité de la possession, ne pouvait la placer hors du droit de la compensation;

Que cette commission a rapporté, comme preuve indubitable, le droit acquis par les héritiers, des ventes des différentes portions de terrain qui avaient été faites par Philippe-François *Renaut* (pièce n°. 4), et qui ensuite ont été ratifiées et approuvées par le Congrès, le 12 février 1812.

ATTENDU que les services importans rendus à l'industrie et à l'exploitation des mines, par Philippe *Renaut*, sont connus de tous les Américains; que la tradition en est consignée on ne peut plus honorablement, dans tous les ouvrages publiés sur la Louisiane; que des villages entiers et les mines les plus abondantes et les plus riches portent son nom.

ATTENDU qu'il est impossible que la reconnaissance des Américains s'éteigne devant des preuves et des témoignages si pleins de vie, et si utiles à leur pays.

ATTENDU que tous les anciens traités ont ménagé les intérêts et les propriétés que pourraient avoir les Français en Amérique, voir particulièrement le traité entre la France et les États-Unis, en date du 6 février 1778, qui porte entre autres dispositions, à son art. XI:

« Que les héritiers domiciliés en France pourront succéder *ab intes-*
» *tat*; qu'ils ne seront pas sujets au droit d'aubaine ; qu'ils n'au-
» ront pas besoin de lettres de naturalité ; que l'effet des concessions
» ne pourrait leur être contesté, ou empêché, sous prétexte de
» quelques droits ou prérogatives des villes ou provinces, etc. »

Attendu que la force de cet article, applicable aux deux nations,
n'a pas été détruite par les traités subséquens; qu'elle a même été spé-
cialement maintenue pour tout ce qui a rapport à la cession de la
Louisiane.

Attendu que c'est bien dans ce sens que l'avaient jugé les Américains, eux-mêmes, puisqu'en 1818, des membres des plus influens
du Congrès avaient demandé à acheter une portion des héritages de
la succession *Renaut*, entre autres M. Baldwin, législateur et célèbre
avocat, qui avait préparé et signé un acte d'acquisition, comme on
peut s'en assurer par la correspondance officielle de M. le ministre
plénipotentiaire Hyde de Neuville ; rapport fait au ministre de
France, en date du 12 février 1818 ; réponse *officielle* et lettre de
M. le duc de Richelieu, alors ministre des affaires étrangères, en
date du 30 avril 1818.

Attendu que par suite de démarches et de correspondances suivies,
M. Hyde de Neuville, digne représentant du droit des nationaux, a
été particulièrement chargé par le gouvernement de donner suite
au droit des héritiers *Renaut*; que ce ministre s'en est acquitté de
manière à laisser, à cette famille, les preuves les plus irréfragables
sur l'étendue de la succession, et sur la valeur immense que lui ont
donnée l'industrie et les dépenses énormes de Philippe *Renaut*.

Attendu que malgré les démarches du gouvernement français,
connues officiellement du gouvernement américain, ce gouvernement, contrarié, sans doute, du retard de la décision pour l'allocation

des VINGT-CINQ MILLIONS, vient de méconnaître le droit sacré de propriété, les traités des deux nations et les deux bills d'admission de reconnaissance; qu'il vient, malgré tous ces antécédens, de s'emparer d'une partie des terres et des mines de plomb, les plus abondantes de la succession *Renaut*, d'en faire des distributions à d'anciens militaires américains;

Que dès ce moment, le droit public l'a rendu non seulement responsable, envers les héritiers *Renaut*, mais aussi envers la France qui représente ses nationaux, qui est la tutrice permanente et naturelle de leurs droits;

Que le gouvernement américain a fait l'application propre de cette maxime, en insistant pour obtenir de la France, des indemnités pour les pertes éprouvées par les citoyens des États-Unis;

Que nous avons les mêmes droits, les mêmes motifs; qu'il en est de même des propriétés et des établissemens français, que des cargaisons ou des corsaires américains; que les uns et les autres sont placés à l'abri de la protection des traités et des lois des deux pays;

Qu'il y a compensation et compensation forcée, au moment où les deux gouvernemens viennent à régler leurs intérêts réciproques.

ATTENDU que s'il n'en était pas ainsi, le gouvernement américain aurait à dire aux Français dépouillés de leurs propriétés et de leurs revenus: « Il appartenait à vos législateurs, à votre gouvernement, » de faire toutes réserves pour la conservation des établissemens de » ses nationaux, avant l'acquittement des VINGT-CINQ MILLIONS, et » même de proposer la nomination d'une commission mixte, char- » gée de statuer, avant tout, sur les titres réguliers; »

Que si l'on ne prend pas cette mesure l'Amérique aurait nos écus et les propriétés des Français, *ce qui augmenterait encore l'indemnité de plusieurs millions.*

ATTENDU que la conservation des droits des Français, avant tout paiement, ne change rien à la forme politique du traité, ni aux droits attribués à la couronne; qu'elle semblerait, au contraire, en être la conséquence légale, naturelle et indispensable.

Les héritiers *Renaut,* rappelant au besoin les actes et les démarches précédemment faites par MM. les comtes de Pancémont, de Tournon, et MM. Latour et Servais, les mémoires publiés, au nom de tous, par Me Routhier, l'un des ayant droit, et *suivis de l'opinion et de l'approbation d'un grand nombre de jurisconsultes distingués de Paris,*

CONCLUENT :

A ce qu'il plaise à la Chambre des députés, et d'abord à la commission qui la représente : vouloir reconnaître bonnes et valables les protestations et oppositions des héritiers *Renaut,* et ordonner, également que dans le cas où les droits des héritiers Renaut ne seraient pas admis à la compensation après vérification de leurs titres par une commission de liquidation, créée à cet effet, il ne sera délivré aucune somme à titre d'indemnité au gouvernement américain, avant que les intérêts français, en Amérique, ne soient satisfaits ou légalement assurés.

Les héritiers *Renaut,* afin de remplir le but qu'ils se proposent, faisant toutes autres réserves de droit, remettent, pour leur propre garantie, une expédition des présentes protestations et oppositions, entre les mains de la commission de la Chambre des députés, par l'intermédiaire de M. le baron *Delessert,* président de ladite commission, *demandant acte* du dépôt susdit, pour valoir ce que de droit.

Fait à Paris, le 28 février 1835.

PANCEMONT, Comtesse DE TOURNON,
Tant en mon nom, que comme tutrice de mes enfans.

LUBOIS, AVOUÉ,   *Au nom des héritiers* LATOUR *et* SERVAIS :
Conseil de Mme. la Comtesse   *L'un des ayant droit,*
DE TOURNON.   ROUTHIER.

Me Routhier ayant eu l'honneur d'être admis à la commission de la Chambre des députés, a déposé sur le bureau les titres, les procès-verbaux de mise en possession; les bills, les correspondances *officielles* de M. le duc de Richelieu, alors ministre des affaires étrangères, de M. le baron Hyde de Neuville, ministre plénipotentiaire.

Ces pièces, qui ne laissent aucun doute sur la légalité et sur la légitimité des droits des héritiers Renaut, sont ci-jointes. — Et c'est avec la connaissance de ces titres que les États-Unis se sont emparés de tout le mobilier des établissemens, que le gouvernement a fait distribuer, à titre de récompense, à d'anciens militaires américains, une partie des propriétés territoriales.

Les Chambres et le Gouvernement sauront juger si, dès-lors, les réclamations des héritiers sont fondées.

PIÈCES

A l'appui de la réclamation des héritiers RENAUT.

TRAITÉ D'AMÉRIQUE.

N°. 1.

RAPPORT

DU COMITÉ POUR LA RÉCLAMATION DES TERRES PRIVÉES,

Sur la pétition des héritiers de PHILIPPE RENAUT, *accompagné d'un projet de* Bill, *en dédommagement, et dont le rapport fut fait le 18 février 1817.*

Le Comité fait savoir que, dans l'année 1717, le roi de France concéda à la Compagnie Occidentale tout le pays baigné par le Mississipi, sous le nom de Louisiane; que, dans l'année 1723, l'Agent de la Compagnie et l'Officier de la Couronne concédèrent, en fief absolu, audit Philippe *Renaut* une étendue de terre au village de Pimitoni, *d'une lieue* de front faisant face à l'est, et bornée par le lac portant le même nom que le village, et de l'autre côté, sur les rives opposées au village, *une demi-lieue* au-dessus sur *cinq lieues* de profondeur, le point de circuit en suivant le cours de la rivière Illinoise d'un côté, et remontant la rivière d'Arcouny, qui forme le milieu à travers le reste de la profondeur.

Le Comité est convaincu que la concession de *Renaut est authentique*, et qu'elle a été faite par les autorités compétentes.

En 1731, la Compagnie Occidentale fit faillite, et l'année suivante, le pays fut réuni à la Couronne de France; mais, sans préjudice aux concessions faites par la Compagnie; une autre étendue de terres fut concédée à *Renaut* en 1723; mais il en disposa environ vingt ans après.

En 1763, la partie de la Louisiane, à l'est et au nord du Mississipi, fut cédée à la Grande-Bretagne, et par le traité de 1783, elle fut acquise aux États-Unis. Par acte du Congrès, en date du 26 mars 1804, toutes les personnes qui avaient des réclamations à faire, en vertu de concessions légalement faites par le Gouvernement Français, antérieurement au traité de Paris du 10 février 1763, furent autorisées à présenter leurs réclamations aux greffiers des districts où les terres réclamées sont situées.

Par ledit acte, plein pouvoir fut donné auxdits greffiers et receveurs des deniers publics, de prononcer avec justice et équité sur toutes les réclamations qui leur seraient présentées. Les héritiers *Renaut s'étant conformés* aux dispositions de cette loi, un rapport spécial de ces autorités fut fait, le 24 février 1810, au sujet de leur demande; mais sans conclusions. M. Gallatin, alors secrétaire au département de la trésorerie, leur adressa une lettre par laquelle il leur enjoignait de prendre une décision. Dans leur réponse, ils exprimèrent des doutes sur leurs pouvoirs; mais, ajoutèrent-ils, si nous avons les pouvoirs suffisans, nous déclarons que notre opinion est *en faveur de la réclamation.* Leur lettre n'a pu être retrouvée; mais son existence est affirmée par le témoignage de l'honorable *Sirémiel-Marow*, et par celui de *Samuel M. Kee*, tous deux autrefois membres du Comité, pour la réclamation des terres publiques. En conséquence, l'opinion *unanime* du Comité *est que la concession doit être confirmée aux légitimes représentans de Philippe Renaut*, et qu'un bill doit être proposé à cet effet.

Le Comité qui fit ce rapport était composé du colonel *Sharp-Chairman*, et de MM. *Hugers*, *Telfair*, *Atherton* et *Clark*, membres du congrès.

N°. 2.

RAPPORT

DU COMITÉ DES TERRES PRIVÉES,

Chargé d'examiner les titres des héritiers RENAUT, en date du 1er. février 1828,
accompagné d'un projet de Bill en dédommagement.

*Le 1er. février 1828, M. Bates du Missouri, membre du Comité des terres privées,
et auquel la pétition des héritiers Renaut avait été renvoyée, fit le Rapport
suivant :*

Le Comité de la réclamation des terres particulières, auquel fut renvoyée la
pétition des héritiers de Philippe *Renaut*, au sujet de la concession d'une étendue de terres *d'une lieue de front* sur *cinq lieues de profondeur* sur le lac
Pimitoni, dans l'état Illinois, déclare que cette réclamation avait déjà été renvoyée au même Comité en 1817, qui en fit un rapport favorable le 18 février
de la même année, accompagné d'un projet de Bill en dédommagement.

Le Comité croit devoir en référer à la Chambre, en raison de l'étendue de
la terre en question, et aux observations à faire sur le pays où elle est située.

La concession de Renaut, en vertu de laquelle ses héritiers réclament aujourd'hui, porte la date de 1723; à cette époque la géographie des pays Illinois
n'était que très imparfaitement connue; ses lacs, ses rivières étaient alors dési-
gnés par les mêmes noms qu'ils portent encore aujourd'hui.

L'obscurité des termes de la concession elle-même, fut cause que le Comité
eut premièrement beaucoup de peine à assigner une localité à la réclamation,
et ce n'est qu'après un examen plus attentif de la dernière histoire de la Louisiane, et avoir consulté les écrits et les cartes des premiers explorateurs des
pays Illinois, que le Comité s'est assuré que la concession est située sur la côte
occidentale du lac Pimitoni, qui n'est que l'élargissement de la rivière Illinoise,
et qui embrasse la vue du vieux fort et du village de Peoria.

Le rapport fait en 1817 et ci-dessus mentionné, fait connaître la majeure
partie des faits sur lesquels les héritiers *Renaut* établissent leur réclamation;
c'est pourquoi le Comité se bornera à citer un seul fait qui, dans son opinion,
a décidé la question.

*C'est la ratification, faite par le Congrès, de la concession du Grand-Marais,
faisant partie de celle réclamée aujourd'hui, ainsi que la reconnaissance des
titres du cessionnaire de Renaut par les Commissaires des États-Unis à Kaskaskia, et l'envoi de lettres-patentes qui a lieu, en ce moment, portant confirmation
de toutes les ventes faites par Renaut de ladite concession du Grand-Marais.*

Cependant le Comité n'a pas pu prendre une résolution définitive au sujet de cette réclamation, vu le doute qui existe dans l'esprit de quelques-uns de ses membres; néanmoins, son opinion est que la réclamation *est en justice bien fondée*, la concession ayant été faite conformément aux lois en usage dans la colonie, à l'époque de sa rédaction; qu'elle doit être *approuvée*, et que c'est à cette fin qu'il fait la proposition *d'un Bill de confirmation*.

<hr/>

N°. 3.

BILL FAVORABLE, *lu le 1er. février* 1828.

Bill pour le dédommagement des héritiers de Philippe *Renaut*, lu pour la deuxième fois, le 1er février 1828, et renvoyé au Comité de la chambre entière pour le jour suivant.

M. Bates, député du Missouri, membre du Comité pour les terres réclamées, auquel fut renvoyée la pétition des héritiers Renaut, fit le rapport du *Bill* suivant, pour être converti en loi par le Sénat et la Chambre des représentans des États-Unis, assemblés en Congrès.

Que l'étendue des terres concédées par la Compagnie occidentale, le 14 juin 1723, est décrite dans ladite concession de la manière suivante :

Une lieue de front à Pimitoui sur la rivière Illinoise, faisant face à l'est, et aboutissant au lac qui porte le même nom que le village; et de l'autre côté, sur les rives opposées au village, une *demi-lieue* au-dessus, et *cinq lieues* de profondeur, le point de circuit en suivant le cours de la rivière Illinoise jusqu'en bas d'un côté, et remontant la rivière Arcony, qui forme le milieu à travers le reste de la profondeur, située dans l'État Illinois, sur la rive occidentale du lac, nommé maintenant Peopia, pour la même concession, *être confirmée*, par ces présentes, aux héritiers ou autres légitimes représentans de Philippe *Renaut*, toutefois sans préjudices aux droits de ceux auxquels le Gouvernement des États-Unis aurait vendu ou concédé des portions de terre comprises dans ladite étendue, et spécifie que cette confirmation ne sera considérée que comme l'abandon des droits que les États-Unis ont présentement sur lesdites terres.

Section 2me, et, de plus, être ordonné que l'Intendant des terres publiques dans les États Illinois, du Missouri, et dans le territoire d'Arkansas, fera mesurer, très exactement, ladite étendue de terres, et enverra le plan au commissaire du Bureau Général des terres, et sur lequel seront désignées les limites de ladite étendue, ainsi confirmée; et d'après ce, *il sera délivré une patente aux héritiers* ou autres représentans légitimes de Philippe *Renaut*, pour toutes les parties de ladite

étendue , qui n'auraient pas été concédées par les États-Unis, à d'autres person‑
nes, et s'il paraissait démontré, par le plan, que quelques parties de ladite
étendue ont été concédées à d'autres personnes par les États-Unis, les héritiers ou
légitimes représentans de Philippe Renaut, seront autorisés de *prendre la même
étendue dans les terres publiques dont la vente a été autorisée par la Loi.*

N°. 4.

CONTRAT DE VENTE

Faite par Philippe Renaut, *à Nicolas* Prévot, *le 2 Septembre 1740,
légalisée à Kaskaskia le 24 Février 1824.*

Philippe *Renaut*, Directeur des Mines de la Province Illinoise, demeurant
au fort Chartres, paroisse Ste.-Anne, cède et vend, avec garantie, à M. Nicolas
Prévot Alias Blondin, habitant de St.-Philippe du Grand-Marais, présent au fort
Chartres, en ladite paroisse Ste.-Anne, à ses héritiers et ayant droits, une pièce
de terre de *trois arpens* d'étendue , située audit fort Philippe, bornée au devant
par le Mississipi , et derrière par les montagnes; joignant d'un côté les domaines ,
et de l'autre les héritiers de feu Germain Bouillé, consistant en bois, prés et
terres labourables. Ladite pièce de terre appartenant au vendeur, en vertu de
la concession à lui faite, selon la lettre de M. de *Brinville*, gouverneur général
de la Louisiane et de ses dépendances , et chef de la compagnie et seigneur de
ladite concession de St.-Philippe. Ladite terre faisant partie du domaine de Town‑
ship. Ladite vente est faite aux conditions de supporter les droits seigneu‑
riaux , et moyennant la somme de *cinq cents livres* , que ledit *Renaut* reconnaît
avoir reçues avant de signer le susdit contrat de vente.

Le vendeur promet de remettre aussitôt que possible, audit acheteur , une
copie de la lettre ci-dessus mentionnée.

Signé et exécuté par les parties, en la chambre dudit *Renaut*, dans l'après‑
midi du 2 *septembre* 1740, en présence de Noël Piquenet et Jean-Baptiste Léonte,
approuvé devant *Barrois* , notaire.

Légalisation de l'acte ci-dessus, Kaskaskia, le 24 février 1824.

Le soussigné certifie que le document, ci-dessus, est une copie véritable de la
traduction inscrite sur le registre de mon bureau , livre des traductions , pages
44 et 45.   *Signé* : *Michael Jones*, greffier.

Nᵒ. 5.

DÉCISION

Du Comité des Commissaires du district de Kaskaskia.

BUREAU DES COMMISSAIRES,

Kaskaskia, le 21 décembre 1810.

Décision du Comité des Commissaires du district de Kaskaskia, au sujet de la concession faite à Philippe Renaut, d'une étendue de terres *d'une lieue* de front et de *cinq lieues* de profondeur à *Peoria*, sur la rivière Illinoise, et d'une autre étendue *d'une lieue* de front et de *cinq lieues* de profondeur au lieu dit le *Grand-Marais*, comprenant les établissemens de Philippe Renaut, sur le Mississipi (déjà confirmés par ce comité, aux légitimes représentans de Philippe Renaut, et approuvée par le Congrès), au très long rapport fait l'année dernière, à ce sujet, par les Commissaires qui ne pensent pas devoir rien ajouter de plus, si ce n'est le document ci-joint, qu'ils désirent faire voir partie de ce rapport, comme offrant la présomption que des titres qui ont été régulièrement commencés selon les usages du pays, *doivent avoir été légalement régularisés sous le Gouvernement Français.*

Aucune preuve de rétrocession, d'abandon volontaire, ni de déchéance, par droit d'aubaine, n'ayant été produite, lesdits Commissaires *confirment ladite concession aux légitimes représentans de Philippe Renaut.*

Signé : Michael Jones, et E. Backers.

Nᵒ. 6.

LETTRE

De Monsieur le Duc de Richelieu, Ministre des Affaires Étrangères, à Monsieur le Comte de Tournon, Préfet à Bordeaux.

Paris, le 30 avril 1818.

Monsieur le Comte, M. Hyde de Neüville, ministre plénipotentiaire de Sa Majesté aux États-Unis, s'est occupé, avec intérêt, des réclamations de Mᵐᵉ de Pancemont. Je m'empresse de vous faire part des premiers renseignemens qu'il avait obtenus, à la date du 14 février, en vous faisant observer qu'à cette époque il n'avait pas encore reçu le Mémoire que vous m'avez envoyé le 2 novembre, et que j'ai eu soin de lui transmettre de suite.

M. Hyde de Neuville pense que les droits de la succession Renaut sont *incontestables*, et que les seuls points incertains sont relatifs à la démarcation des terres. Il aurait désiré que Mme de Pancemont eût, aux États-Unis un fondé de pouvoir qui pût lui fournir des renseignemens suffisans pour discuter cette affaire avec avantage, et il regrette que M. Mercier, autrefois mandataire de Madame votre belle-mère, n'ait pas été remplacé.

Dans cet état de choses, M. de Neuville a ajourné *toutes démarches officielles*; mais il a cherché dans cet intervalle à réunir des notions positives sur le fond de cette affaire; il s'est adressé à M. Baldwin, jurisconsulte éclairé. Cet Américain a une connaissance d'autant plus approfondie de cette discussion, qu'il avait acquis les droits des héritiers Renaut, ou qu'il avait du moins pensé les acquérir, en traitant avec un individu qui avait fait usage d'une fausse procuration.

J'ai l'honneur, Monsieur le Comte, de vous envoyer une note de M. Baldwin, dans laquelle il donne beaucoup de détails sur l'affaire qui vous intéresse; il a désiré, en même temps, que vous eussiez connaissance de tous les faits relatifs à sa prétendue acquisition, et il s'attache à montrer que sa bonne foi ayant été surprise, il a déboursé, en pure perte, une somme assez considérable.

M. Hyde de Neuville me mande que M. Baldwin est généralement estimé aux États-Unis, et qu'il y jouit de beaucoup de considération. Il pense qu'il pourrait être avantageux pour Mme de Pancemont de confier la suite de ses réclamations à cet avocat, et il ajoute que M. Baldwin, étant membre du Congrès, et ayant une connaissance particulière des droits des héritiers Renaut, dont il avait projeté de devenir le cessionnaire, son intervention dans cette affaire ne pourrait que donner plus de poids aux réclamations de madame votre belle-mère.

M. de Neuville présume que M. Baldwin accepterait les pouvoirs de Mme de Pancemont, et il vous engage à apprécier les diverses considérations que je viens de rappeler.

Agréez, Monsieur le comte, les nouvelles assurances de ma considération distinguée.

RICHELIEU.

Nᵒ. 7.

LETTRE

De M. Cox Barnet *, Consul des États-Unis en France, adressée à* Mᵉ. *Routhier.*

Paris, le 29 Mai 1824.

Monsieur,

Si vous n'avez pas arrêté des dispositions *définitives* au sujet de la concession *Renaut*, j'ai, à Paris, un ami avec lequel vous pourrez traiter avec avantage. *

J'ai passé, hier, pour avoir l'honneur de vous voir, et faire ma paix pour ma longue absence involontaire.

Veuillez agréer pour vous, Monsieur, l'assurance de mes respectueux sentimens d'estime.

Cox Barnet.

Nᵒ. 8.

TRADUCTION

Tirée de l'Histoire d'Amérique sur les Mines de la Louisiane,
par M. Brackenridge. (Livre II, Chap. VIII.)

La concession du Roi à la Compagnie des Indes occidentales était plus étendue que celle à Crozat. Une condition fut attachée aux concessions faites plus tard aux individus, particulièrement, pour les Mines, mais les premiers concessionnaires, par leurs lettres-patentes, art. 8, furent autorisés à faire des aliénations sans condition.

M. Gallatin se trompe quand, en parlant de ces concessions, il observe que toutes mines qui avaient, pendant un certain nombre d'années, cessé d'être travaillées, retournaient au Roi. C'était le cas pour la concession de Crozat, mais

---

* N. B. Les héritiers Renaut n'entendent pas se faire un titre de la lettre de M. Cox Barnet. Ce témoignage de l'intérêt que ce consul-général portait à Mᵉ. Routhier, contribue seulement à prouver que les Américains ne faisaient alors AUCUN DOUTE SUR LES DROITS DES COHÉRITIERS.

les concessions de *Renaut* furent faites par la Compagnie du Mississipi ou Compagnie des Indes.

Il est digne de remarquer que ces concessions étendues furent les seules accordées en franc-alleu, par la France à un individu pendant le temps qu'elle posséda la Louisiane.

Les grandes concessions qui embarrassent le plus, maintenant, votre Gouvernement, ont été faites uniformément par l'Espagne ou par la Grande-Bretagne.

Les héritiers de *Renaut* ignorèrent, long-temps, la concession qui existait dans les archives des Illinois ; la cession aux États-Unis les éclaira.

Le réclamant qui se présente, M. le Comte de Tournon, qui épousa la fille de Mme de Pancemont, petite-fille de Renaut, est un homme d'État du caractère le plus estimable.

M. Brackenridge ajoute qu'il a eu l'occasion d'examiner ces concessions parmi un grand nombre d'autres, et il considère cette concession comme la plus juste, la plus sincère et la plus authentique qu'il ait jamais rencontrée.

NOTE ESSENTIELLE.

Pendant que l'on imprimait nos réclamations et les pièces à l'appui, la Commission de la Chambre faisait son rapport ; maintenant, qu'il est public, il nous est permis d'en parler et d'y entrevoir que la discussion que nous avons soutenue devant les honorables députés qui la composent, que les documens *officiels* que nous avons fournis, ont produit quelque effet.

La preuve de l'intervention officielle du gouvernement français, en faveur des héritiers Renaut, ne pouvait être donnée par un témoin plus vrai, plus digne de la confiance générale, que par le *ministre plénipotentiaire aux États-Unis, M. le baron Hyde de Neuville* qui, lui-même, trouve cette correspondance *officielle et non officieuse*, suivie pendant long-temps, comme il le dit dans sa lettre du 9 mars dernier (page 6), qui est ci-jointe.

C'est cet ancien ambassadeur, toujours ami de la justice et de la vérité, qui vient constater par un acte public, qu'il a agi d'après des ordres supérieurs et qui, relate les dates et le résumé des lettres *officielles* que lui adressait M. le duc de Richelieu, alors Ministre des relations extérieures, et *en cette qualité*.

Le caractère des *démarches est officiel* ; dans d'autres circonstances elles n'ont été qu'officieuses, comme l'a dit M° Routhier à la commission.

Mais, lors même que par un hasard heureux, qui a fait retrouver tous ces titres officiels, les héritiers Renaut n'auraient justifié que de démarches officieuses, croirait-on prouver devant une nation si éclairée, sur ses droits, que les nationaux ne sont pas, *aujourd'hui, vis-à-vis des deux gouvernemens français et américain dans la même position qu'après la cession de la Louisiane par le traité de 1803*.

Ce traité, *article 3*, a promis et doit effectuer, comme l'une de ces *conditions vitales,* la garantie, la protection des propriétés particulières des Français, à titre de concession, ou autrement, *c'est le gouvernement américain qui s'est engagé, formellement, vis-à-vis de la France, à remplir cette condition ; et quand nous venons vous dire qu'au lieu de nous garantir, qu'au lieu de nous protéger, il s'est emparé de la plus grande partie de nos possessions, des mines les plus riches du pays; que des distributions de terre ont été faites à d'anciens militaires à titre de récompense nationale,* et ce plus particulièrement encore depuis le traité de 1831, *malgré les titres qui sont sous vos yeux, et qu'il avait enregistrés dans ses greffes.*

Ce ne sera pas à des hommes d'état si éclairés que l'on pourra persuader que l'exécution d'un traité, consenti entre deux nations amies et alliées, peut être impunément violé, et que les victimes des spoliations seraient réduites à réclamer les démarches officieuses de leur Gouvernement.

La distribution de nos terres par les États-Unis à ses soldats, n'est pas du tout un acte *officieux,* c'est *tout officiel,* nous le prouvons par des pièces du ministère; et tout en désirant la paix, en faisant des vœux pour elle, les héritiers Renaut ne doivent pas s'exposer au reproche de n'avoir pas fait connaître leurs droits et leur véritable position.

Les réclamans sont loin de croire que lorsque les plus légers intérêts étrangers sont discutés, sont soutenus avec tant de force, on veuille leur opposer le droit municipal américain, quant à ce qui les concerne; ce droit porte, en Amérique comme dans tous les pays, sur les actes de police et d'usage qui ont rapport à la jouissance, à l'acquit des contributions, des charges locales, aux obligations des citoyens envers l'autorité, et de l'autorité envers eux.

Ce langage ne sera pas tenu d'ailleurs par toute personne qui se sera pénétrée de l'esprit des traités de 1778, et de celui du 15 frimaire an X.

Les Français, propriétaires en Amérique, et les Américains, propriétaires en France, sont exempts du droit d'aubaine, ou autres droits semblables, quelques noms qu'ils puissent avoir.

Les contractans avaient bien senti que les intéressés ne pourraient faire trois ou quatre mille lieues, pour remplir quelques formalités municipales.

Mais, jamais, ni le droit public, ni le droit des gens, ni le droit international même, n'ont considéré l'usurpation comme tenant aux droits municipaux.

Nous renverrait-on, pour nous rassurer mieux, devant un des tribunaux de l'Union ; mais on devrait au moins nous indiquer quel sera ce tribunal, qui prendrait sur lui de juger un acte qui est purement gouvernemental ; et, lors même que le jugement serait rendu, *nous indiquer aussi quelle sera l'armée qui le fera mettre à exécution.*

S'il en était ainsi, que deviendrait le droit politique des nations entre elles ! Pour citer un exemple : si, demain le roi des Belges, ou le roi de Prusse, venaient s'emparer des propriétés françaises qui bordent leur territoire, ou même dans l'étendue de leur territoire, *à cause du titre de propriétaire français,* il y aurait à l'instant un cri d'alarme, une prise d'armes, peut-être même une déclaration de guerre, si la plus prompte réparation n'était faite.

Hé bien, ce qui ne doit pas, ce qui ne peut se faire en Allemagne, en Suisse, en Belgique, ne peut et ne doit pas être toléré à trois mille lieues de nous.

Nos représentans et les ministres sont propriétaires, ils prendront cette question dégagée de toute prévention, et même de tout esprit de parti ; nous aimons à croire que les principes de droit consacrés par des siècles et par tous les traités ne seront pas étouffés, lorsque nous nous adressons à des législateurs français pour trouver le moyen d'une juste et raisonnable compensation.

ROUTHIER.

IMPRIMERIE DE PIHAN DELAFOREST (MORINVAL),
RUE DES BONS-ENFANS, N°. 34.

www.ingramcontent.com/pod-product-compliance
Lightning Source LLC
Chambersburg PA
CBHW050500210326
41520CB00019B/6297